Dieter Leipold
Beweismaß und Beweislast im Zivilprozeß

Schriftenreihe
der
Juristischen Gesellschaft zu Berlin

Heft 93

W
DE
G

1985
Walter de Gruyter · Berlin · New York

Beweismaß und Beweislast im Zivilprozeß

Von
Dieter Leipold

Vortrag
gehalten vor der
Juristischen Gesellschaft zu Berlin
am 27. Juni 1984

W
DE
G

1985
Walter de Gruyter · Berlin · New York

Dr. jur. Dieter Leipold
Professor an der Universität Freiburg i. Br.

CIP-Kurztitelaufnahme der Deutschen Bibliothek

Leipold, Dieter:
Beweismass und Beweislast im Zivilprozess : Vortrag
gehalten vor d. Jurist. Ges. zu Berlin am 27. Juni
1984 / von Dieter Leipold. – Berlin ; New York :
de Gruyter, 1985. – 26 S.
(Schriftenreihe der Juristischen Gesellschaft zu
Berlin ; H. 93)
ISBN 3-11-010580-2

NE: Juristische Gesellschaft ⟨Berlin, West⟩: Schriften=
reihe der Juristischen Gesellschaft e. V. Berlin

I. Einführung

Die veröffentlichte Rechtsprechung und die wissenschaftliche Literatur zu den beweisrechtlichen Fragen des Zivilprozesses haben in den letzten Jahren ein gewaltiges Ausmaß erreicht. Wer in einem kurzen Vortrag einen Überblick bieten wollte, wäre von vornherein zum Scheitern verurteilt. Man könnte allenfalls den einen oder anderen Fallbereich herausgreifen und auf einem begrenzten Feld die Einzelheiten des gegenwärtigen Meinungsstandes darstellen. So notwendig es ist, fallbezogen zu arbeiten und für den konkreten Sachverhalt nach gerechten Lösungen zu suchen, so nahe liegt doch auch die Gefahr, bei solchem konkreten Denken die allgemeinen Zusammenhänge, die Prinzipien des Beweisrechts aus den Augen zu verlieren und zu vernachlässigen. Bewußt begebe ich mich daher in die Rolle eines „Generalisten", freilich in dem Bestreben, nicht nur Gemeinplätze zu bieten, sondern einige allgemeine Entwicklungstendenzen herauszuarbeiten und kritisch zu betrachten. Es geht dabei nicht um die praktische, sondern um die rechtsdogmatische Betrachtungsweise, nämlich um die Frage, von welchen normativ festgelegten Kriterien es abhängt, ob der Beweis als erbracht anzusehen ist bzw. welche Seite die Beweislast für eine offen gebliebene Tatsache trägt. Das zentrale Problem ist dabei, welche Anforderungen die *Regel* stellt und wie sich die *Ausnahmen* dazu verhalten. Das Beweisrecht des Zivilprozesses hat, um diese These vorwegzunehmen, ein solches Ausmaß an Flexibilität erreicht, daß es, will man nicht das Recht der Billigkeit opfern, dringend notwendig erscheint, sich um ein tragfähiges dogmatisches Fundament zu kümmern.

II. Das allgemeine Beweismaß

Zunächst wende ich mich der Frage zu, unter welchen allgemeinen Voraussetzungen im Zivilprozeß ein Beweis als geführt anzusehen ist, welches allgemeine Beweismaß also hier zu gelten hat. In der neueren Literatur werden dazu zum Teil recht weitgehende Thesen vertreten, die zwar als solche die Rechtsprechung, wenn ich recht sehe, bis jetzt noch nicht erreicht haben, die aber ihrerseits an den Stand der Rechtsprechung anknüpfen und diese, jedenfalls nach Ansicht der Autoren, konsequent weiterführen wollen. Zwei Teilfragen können, obwohl sie in einem engen inneren Zusammenhang stehen, unterschieden werden:

– Genügt schon die überwiegende Wahrscheinlichkeit für den Beweis?
– Ist die richterliche Überzeugung als subjektives oder als objektives Kriterium zu verstehen?

1. *Voller Beweis im herkömmlichen Sinne oder überwiegende Wahrscheinlichkeit*

Nach der herkömmlichen Betrachtungsweise verlangt der Beweis die volle richterliche Überzeugung von der Wahrheit einer tatsächlichen Behauptung[1]. Dem haben für den Zivilprozeß verschiedene Autoren die These entgegengesetzt, im allgemeinen sei eine bestimmte Tatsache bereits dann der richterlichen Entscheidung zugrunde zu legen, wenn die überwiegende Wahrscheinlichkeit dieser Tatsache dargetan sei[2]. Der Gedanke, die richterliche Überzeugung durch eine Wahrscheinlichkeitsbetrachtung zu ersetzen und sich mit einem Wahrscheinlichkeitsübergewicht zu begnügen, geht nicht zuletzt auf Äußerungen skandinavischer Rechtswissenschaftler zurück[3]. Bei uns wurde die These, der Richter habe nach überwiegender Wahrscheinlichkeit zu entscheiden, vor allem von Kegel[4] (1967) mit großer Entschiedenheit vertreten, später z. B. von Maassen[5] und (für den Kausalitätsbeweis) von Musielak[6] aufgegriffen, zuletzt vor allem von Motsch[7] ausführlich dargestellt und begründet.

---

[1] Zur richterlichen Überzeugung als entscheidendem Beweiskriterium vgl. Kuchinke, Freiheit und Bindung des Zivilrichters in der Sachaufklärung (1965) S. 15, 26 ff., 85 ff. Die Notwendigkeit der richterlichen Überzeugung von der Wahrheit betonen weiterhin – unter Ablehnung der anschließend dargestellten neueren Lehren – z. B. Arens, Dogmatik und Praxis der Schadensschätzung, ZZP 88 (1975) 1, 30 ff.; G. Walter, Freie Beweiswürdigung (1979) S. 173 ff., 188; Greger, Beweis und Wahrscheinlichkeit (1978) S. 104 ff.; Rosenberg/Schwab, Zivilprozeßrecht, 13. Aufl., § 113 II; Stein/Jonas/Leipold, ZPO, 20. Aufl., § 286 Rdn. 4 f.

[2] Auf diesen Kern der Aussage kommt es an, während es sekundär erscheint, ob man die Entscheidung nach überwiegender Wahrscheinlichkeit als Beweislastentscheidung bezeichnet (so – jedenfalls an manchen Stellen seines Beitrags – Kegel [N. 4] S. 335) oder in diesem Fall den Beweis als geführt betrachtet (so Motsch [N. 7] S. 36).

[3] Eine Darstellung und Würdigung der im einzelnen durchaus differenzierten Lehren muß hier unterbleiben. S. etwa Ekelöf, Beweiswürdigung, Beweislast und Beweis des ersten Anscheins, ZZP 75 (1962) 289; ders., Beweiswert, Festschr. für Baur (1981) S. 343; Bolding, Sachaufklärung und Überzeugungsbildung im schwedischen Zivilprozeß, in: Freiheit und Bindung des Zivilrichters in der Sachaufklärung (1966) S. 57 ff.; R. Bruns, Zivilprozeßrecht, 2. Aufl. (1979) Rdn. 168 ff. (S. 243 ff.); ders., Beweiswert, ZZP 91 (1978) S. 64; Musielak, Das Överviktsprincip, Festschr. für Kegel (1977) S. 451; Greger (N. 1) S. 94 ff.

[4] Kegel, Der Individualanscheinsbeweis und die Verteilung der Beweislast nach überwiegender Wahrscheinlichkeit, Festschr. für Kronstein (1967) S. 321.

[5] Maassen, Beweismaßprobleme im Schadensersatzprozeß (1975) insbesondere S. 153 ff., 194 (Ergebnis) im Anschluß an das anglo-amerikanische Recht.

[6] Musielak, Die Grundlagen der Beweislast im Zivilprozeß (1975) S. 110 ff. S. auch Musielak, Festschr. für Kegel (N. 3) S. 470 f., wo die überwiegende Wahrscheinlichkeit jedoch nicht als Beweismaß für den Regelfall angesehen, sondern nur

Wie der Klarheit halber zu betonen ist, darf diese Lehre nicht mit der Formel von der „an Sicherheit grenzenden Wahrscheinlichkeit" verwechselt werden, die man zum Teil in der Rechtsprechung[8] findet. Es geht auch nicht etwa um eine nur geringfügige Herabsetzung der Anforderungen an die Beweisstärke. Vielmehr soll es genügen, wenn das Vorliegen der Tatsache (und sei es auch nur um weniges[9]) wahrscheinlicher ist als das Nichtvorliegen, weshalb das Entscheiden nach Wahrscheinlichkeit auch als „Überwiegensprinzip" bezeichnet wird. Bemerkenswert und für die Beurteilung entscheidend ist auch die Allgemeinheit, mit der das „Überwiegensprinzip" gelten soll. Es werden zwar Ausnahmen für möglich gehalten, wenn nach der Art der Rechtsfolge eine Entscheidung nach Maßgabe der Wahrscheinlichkeit ungerecht wäre[10], aber als zivilprozessuales Regelbeweismaß soll die überwiegende Wahrscheinlichkeit genügen.

Rolf Bender[11] hat dem mit der Bemerkung zugestimmt, in der Praxis würden, da es auch wichtige gegenläufige rechtliche Gesichtspunkte gebe, wohl die Ausnahmen häufiger angewendet werden als die Regel. Aber welchen Sinn soll es haben, ein neuartiges Prinzip in dem Bewußtsein aufzustellen, es werde – entgegen seinem Anspruch – in der Regel doch nicht angewendet werden können? Man muß also zunächst einmal kritisch prüfen, ob es überhaupt überzeugende Argumente für das Überwiegensprinzip als Regelbeweismaß gibt.

---

dann für richtig gehalten wird, wenn triftige Gründe für eine Beweismaßreduzierung vorliegen.

[7] Motsch, Vom rechtsgenügenden Beweis. Zur Entscheidung von Zivilsachen nach Wahrscheinlichkeit unter besonderer Berücksichtigung der Abstammungsfeststellung (1983) z.B. S. 36, 86, 91, 247 f.

[8] So z.B. BGH NJW 73, 2249, 2250. Kritisch zu dieser Formel BGHZ 53, 245, 256, s. dazu unten S. 9.

[9] Vgl. Motsch (N. 7) S. 248.

[10] So betont Kegel (N. 4) S. 343, es sei „nicht von vornherein ausgeschlossen, daß schwere Eingriffe den Nachweis einer größeren als nur überwiegenden Wahrscheinlichkeit erfordern." Motsch begrenzt das Abstellen auf Wahrscheinlichkeit auf die Fälle „symmetrischer Irrtumsfolgen" (so z.B. S. 36, 248) und spricht an anderen Stellen (z.B. S. 172) von einer „Differenzierung der Entscheidungsgrenze unter Berücksichtigung der Irrtumsfolgen". – S. auch Nell, Wahrscheinlichkeitsurteile in juristischen Entscheidungen (1983) S. 210 ff., der den für das Beweismaß jeweils maßgeblichen Wahrscheinlichkeitsgrad aufgrund einer Interessenabwägung bestimmen will.

[11] Rolf Bender JZ 1984, 371, 372 (Besprechung des in N. 7 angegebenen Buches von Motsch). Früher hatte sich Bender ausdrücklich gegen das Überwiegensprinzip als Regelbeweismaß ausgesprochen und mehrere abgestufte Regelbeweismaße befürwortet, s. Rolf Bender, Das Beweismaß, Festschr. für Baur (1981) S. 247, 256, 257.

Etwas vereinfachend – der „Generalist" kann dies nicht vermeiden – sind zwei Hauptgründe zu nennen, die für die Entscheidung nach überwiegender Wahrscheinlichkeit ins Feld geführt werden. Wenn man dem Überwiegensprinzip folge, so sei die Wahrscheinlichkeit höher, daß das Urteil richtig als daß es falsch ausfalle, und dies sei dann doch immerhin gerechter, als nach Beweislastregeln zu entscheiden[12]. Überzeugend ist das schon deswegen nicht, weil die Beweislastregeln keineswegs auf Beliebigkeit, sondern auf sachlichen Gründen beruhen, und daher einer Entscheidung, die auf Beweislastregeln gestützt wird, letztlich auch einen bestimmten Gerechtigkeitswert verleihen. Gerade die Existenz der Beweislastnormen, die zu einem (allerdings geringeren) Teil sogar ausdrückliches Gesetzesrecht darstellen, zeigt, daß das Gesetz nicht vom Überwiegensprinzip ausgeht. Wäre nach überwiegender Wahrscheinlichkeit zu entscheiden, so würde sich das Anwendungsgebiet der Beweislastregeln ja auf den seltenen Fall beschränken, daß für die Wahrheit oder Nichtwahrheit einer Tatsache die gleiche Wahrscheinlichkeit spräche. Im übrigen geht die normative Festlegung des Vollbeweises auch aus § 286 Abs. 1 ZPO deutlich hervor. Die Vorschrift gibt dem Richter auf, nach freier Überzeugung zu entscheiden, ob eine tatsächliche Behauptung für wahr oder für nicht wahr zu erachten sei. Von einer Entscheidung nach überwiegender Wahrscheinlichkeit ist nicht die Rede[13].

Gegen diese auf den ersten Blick unüberwindlichen positivrechtlichen Hindernisse zielt aber das zweite, nicht leicht zu nehmende Argument der Vertreter des Überwiegensprinzips. Sie weisen nämlich darauf hin, die Rechtsprechung habe doch längst das Erfordernis des Vollbeweises in einer Vielzahl von Fällen durch die Zubilligung von Beweiserleichterungen aufgegeben, vor allem durch die Anerkennung des Anscheinsbeweises (prima-facie-Beweises)[14]. Ob man dem entgegenhalten kann, der Anscheinsbeweis sei auf bestimmte Fallgestaltungen beschränkt und rechtfertige es nicht, das Prinzip des Vollbeweises aufzugeben, hängt davon ab, ob man bereit ist, die Voraussetzungen des Anscheinsbeweises

---

[12] Kegel (N. 4) S. 335; Motsch (N. 7) S. 248.

[13] § 286 Abs. 1 ZPO macht Beweislastregeln nicht überflüssig, da die Vorschrift den Richter keineswegs zwingt, sich immer für die Feststellung der Wahrheit oder Unwahrheit zu entscheiden, so aber Motsch (N. 7) S. 34, 83, 85 unter Rückgriff auf ältere Ansichten, insbesondere von Josef Kohler (in Holtzendorff/Kohler Encyklopädie der Rechtswissenschaft, 6. Aufl., 2. Band, 1904, S. 47, 114 bzw. 7. Aufl., 3. Band, 1913, S. 252, 315), der die Meinung vertrat, durch den Grundsatz der freien Beweiswürdigung würden Beweislastentscheidungen im wesentlichen überflüssig. Gegen solche Ansichten bereits ausführlich Rosenberg, Die Beweislast, 5. Aufl. (1965) S. 14 f., 62 ff.

[14] Kegel (N. 4) S. 333 f.; s. auch Motsch (N. 7) S. 23.

so zu umreißen, daß er ein Rechtsinstitut mit Sondercharakter bleibt. Darauf ist an späterer Stelle zurückzukommen.

2. Subjektive oder objektive Beweismaßtheorie

Als Voraussetzung des Beweises wird traditionellerweise gefordert, der Richter müsse von der Wahrheit oder Unwahrheit einer Behauptung voll überzeugt sein. Der BGH[15] hat dies in der Entscheidung zum Fall der angeblichen Zarentochter Anastasia, nachdem zunächst und mit vollem Recht die Zulässigkeit einer Entscheidung aufgrund bloßer Wahrscheinlichkeit verneint wurde, dahingehend erläutert, es komme auf die persönliche Gewißheit des Richters von der Wahrheit eines bestimmten Sachverhalts an. Zwar setze, so der BGH, das Gesetz nicht eine von allen Zweifeln freie Überzeugung voraus; der Richter dürfe und müsse sich mit einem für das praktische Leben brauchbaren Grad von Gewißheit begnügen, der (wie die herkömmliche Formulierung so schön lautet) den Zweifeln Schweigen gebietet, ohne sie völlig auszuschließen. Es sei aber, meint der BGH, ungenau, dies dahingehend auszudrücken, daß sich das Gericht mit einer an Sicherheit grenzenden Wahrscheinlichkeit begnügen dürfe. Dies nämlich sei falsch, wenn damit von der Erlangung einer eigenen Überzeugung des Richters von der Wahrheit abgesehen werden sollte. Diese starke Betonung der richterlichen Überzeugung und des darin liegenden subjektiven Elements[16] im Sinne einer *persönlichen Gewißheit* hat Kritiker auf den Plan gerufen, die ihrerseits – wie zuletzt etwa Michael Huber[17] im Anschluß an Musielak[18] – einer rein objektiven Betrachtung das Wort reden wollen und statt der richterlichen Überzeugung die Erreichung eines bestimmten objektiven Wahrscheinlichkeitsgrades für entscheidend halten.

Der Formulierung des BGH kann in der Tat nicht zugestimmt werden. Es ist ein Unding, einerseits Gewißheit zu verlangen, im selben Atemzug aber zu betonen, es brauche nicht jeder Zweifel ausgeräumt zu sein. Gewißheit mit Zweifeln ist ein Widerspruch in sich. Überhaupt erscheint es problematisch, die richterliche Feststellung, der Beweis sei gelungen, als Ausdruck einer persönlichen Überzeugung von der Wahrheit zu begreifen. Von einer wirklich „persönlichen" Überzeugung kann man schon deswegen nicht sprechen, weil der Richter als Person an der Feststellung nicht interessiert ist, sondern nur in seiner Rolle als Richter

---

[15] BGHZ 53, 245, 255 f.
[16] Für ein subjektives Verständnis des Beweismaßkriteriums auch Greger (N. 1) S. 113 ff. (aber nicht für die Notwendigkeit der „Gewißheit", a. a. O. S. 114).
[17] Michael Huber, Das Beweismaß im Zivilprozeß (1983) S. 150 (Ergebnis).
[18] Musielak, Grundlagen (N. 6) S. 109 f.

über die Tatsachenbehauptungen zu entscheiden hat. Es bleibt also in der Regel durchaus eine Distanz zwischen Person und Entscheidung über den Beweis vorhanden. Der Richter ist sich im Zivilprozeß auch dessen bewußt, daß er im wesentlichen aufgrund des von den Parteien vorgetragenen Tatsachen- und Beweismaterials zu entscheiden hat und schon deswegen keine Sicherheit besitzt, ob der wahre Sachverhalt nicht vielleicht ganz anders aussieht als das Ergebnis der Beweisaufnahme.

Selbst wenn aber das Beweisergebnis eindeutig ist und etwa verschiedene Sachverständigengutachten mit aller Entschiedenheit eine bestimmte Tatsache als zutreffend bezeichnen, wird der Richter oft nicht persönlich überzeugt sein, sondern er erklärt den Beweis für gelungen, weil die Sachverständigen dies dargelegt haben und weil der Richter keinen Grund sieht, die Sachverständigenausführungen für fehlerhaft zu erachten. Aber von persönlicher Überzeugung i. S. subjektiver Gewißheit zu reden, erscheint selbst dann nicht adäquat, wenn etwa in einem Vaterschaftsprozeß die Vaterschaft von den Gutachtern als mit nahezu 100%iger Wahrscheinlichkeit nachgewiesen dargestellt wird.

Am Erfordernis einer persönlichen Gewißheit von der Wahrheit sollte man also nicht festhalten. Auch § 286 Abs. 1 ZPO fordert dies bei genauer Betrachtung nicht. Diese nach meiner Ansicht hervorragend formulierte Vorschrift sagt nur, der Richter habe (unter Berücksichtigung des gesamten Inhalts der Verhandlungen und des Ergebnisses einer etwaigen Beweisaufnahme) nach freier Überzeugung zu entscheiden, ob eine bestimmte Tatsache für wahr oder für nicht wahr zu erachten sei. Die freie Überzeugung bezieht sich nicht auf die *Wahrheit* als solche, sondern auf die *Würdigung* der Beweise, die – und darauf liegt ja der Akzent der Vorschrift – frei von gesetzlicher Bevormundung in eigener Verantwortung des Richters erfolgen soll. Mit der Formulierung, es sei zu entscheiden, ob die Tatsachenbehauptung für wahr oder nicht wahr *zu erachten* sei – nicht, ob sie wahr oder unwahr sei – kommt außerdem zum Ausdruck, daß die Reichweite der richterlichen Feststellung relativ, nämlich auf das konkrete Prozeßgeschehen bezogen ist, und keineswegs den Anspruch erheben muß, die Wahrheit als solche zu treffen.

Verdient damit das Erfordernis einer persönlichen Überzeugung i. S. einer subjektiven Gewißheit von der Wahrheit keinen Beifall, so ist dennoch der Auffassung, es habe eine rein „objektive Beweismaßtheorie" zu gelten, auch nicht zu folgen. Im System der freien Beweiswürdigung ist nun einmal dem subjektiven Faktor, nämlich der Einschätzung der erreichten Beweisstärke durch den Richter des konkreten Prozesses, grundsätzlich die entscheidende Bedeutung eingeräumt. Dies gilt auch für die Frage, ob die erreichte Beweisstärke im gegebenen Fall ausreicht, um den Beweis als erbracht anzusehen. Der Richter ist dabei freilich nicht

berechtigt, nach subjektiver Beliebigkeit zu urteilen. Er hat Erfahrungssätze und Denkgesetze zu beachten und soll – und darin liegt ein
berechtigter Versuch einer „Teilobjektivierung" – den Beweis dann als
geführt ansehen, „wenn er als besonnener, gewissenhafter und lebenser-
fahrener Mann aus objektiven Gründen die erreichte Wahrscheinlichkeit
als genügend ansieht"[19]. Aber im letzten muß er eben doch seinem
richterlichen Gewissen folgen und in diesem Sinn muß die richterliche
Überzeugung, es sei die notwendige Beweisstärke erreicht, nach wie vor
das entscheidende Kriterium abgeben. Den Maßstab rein objektiv zu
fassen, etwa in Form einer zu errreichenden, an Sicherheit grenzenden
Wahrscheinlichkeit in Form einer Prozentzahl (z.B. 99,5 %ige Wahrscheinlichkeit), wäre nur dann sinnvoll, wenn auch das Beweisergebnis
auf einen solchen Zahlenwert gebracht werden könnte. Dies kann jedoch
allenfalls auf bestimmten Sachgebieten gelingen, aber schon wenn – etwa
im Prozeß auf Feststellung der Vaterschaft – neben Sachverständigengutachten, die zu einer in Prozentzahlen ausgedrückten Wahrscheinlichkeit
führen, andere Beweismittel, wie z.B. Zeugenaussagen, zu würdigen
sind, kann die erreichte Gesamtwahrscheinlichkeit nicht mehr streng
objektiv bestimmt werden.

Im Ergebnis gelangt man also nicht zu einer entweder rein subjektiven
oder rein objektiven Beweismaßtheorie, sondern die richterliche Überzeugung stellt sich als eine Entscheidungsfindung dar, bei der objektive
Vorgaben und Maßstäbe zu beachten sind, letztlich aber doch in vielen
Fällen ein erheblicher subjektiver Spielraum verbleibt.

III. Die Beweiserleichterung durch den Anscheinsbeweis

1. Herabsetzung der Beweisanforderungen

Mit dem Anscheinsbeweis hat es eine eigentümliche Bewandtnis. Er
nimmt seit Jahrzehnten in der Rechtsprechung seinen festen Platz ein,
gehört aber gleichwohl nach Rechtsnatur, Anwendungsbereich und
Rechtsfolge zu den umstrittensten Instituten des Zivilprozeßrechts. Ob
dieser Unruhestifter im Bereich des Beweisrechts das herkömmliche
allgemeine Beweismaß, nämlich den sogenannten Vollbeweis, aus den
Angeln heben kann, hängt zunächst einmal davon ab, wie sich die
Wirkungen des Anscheinsbeweises von einem „normalen" Beweis unter-
scheiden.

Nach den von der Rechtsprechung entwickelten Formulierungen ist
eigentlich alles ganz harmlos: Der Anscheinsbeweis ist eine besondere Art
des Indizienbeweises. Er bezieht sich auf Fälle eines typischen Gesche-

---

[19] Stein/Jonas/Leipold (N. 1) § 286 Rdn. 1.

hensablaufs und erlaubt es dem Gericht, denjenigen Verlauf, der bei der gegebenen Sachlage der Regel des Lebens, dem Üblichen, Gewöhnlichen entspricht, kraft freier Würdigung als bewiesen anzusehen. Dabei soll es aber nicht genügen, daß nur ein gewisser Grad der Wahrscheinlichkeit erbracht wird[20]. Vielmehr wird verlangt, daß die aufgrund der Lebenserfahrung gezogenen Schlüsse zur richterlichen Überzeugung führen[21]. In der Rechtsprechung des BGH findet man auch noch in neuester Zeit die Formulierung, der Anscheinsbeweis müsse die Überzeugung des Richters in vollem Umfang begründen[22]. Nimmt man diese Aussagen beim Wort, so unterscheidet sich das Beweismaß, die zu erbringende Beweisstärke, nicht von den sonst geltenden Anforderungen; allenfalls könnte man in der Anerkennung des Anscheinsbeweises den Auftrag an die Gerichte finden, die Anforderungen an die Grundlagen der richterlichen Überzeugung nicht zu überspannen. Im übrigen käme dann dem Anscheinsbeweis nur die Funktion zu, Eingriffe des Revisionsgerichts in die freie Beweiswürdigung der Gerichte der Tatsacheninstanzen zu rechtfertigen, eine Aufgabe, die freilich zum größten Teil auch schon durch den anerkannten Rechtssatz erfüllt wäre, das Revisionsgericht habe zu überprüfen, ob bei der Beweiswürdigung gegen allgemeine Erfahrungssätze und Denkgesetze verstoßen worden sei[23].

Einer realistischen Betrachtungsweise entspricht dieses, wie man wohl sagen darf, verharmlosende Verständnis des Anscheinsbeweises jedoch nicht. Wo bliebe denn die *Beweiserleichterung*, die gerade nach Ansicht der Rechtsprechung in den Fällen des Anscheinsbeweises zugestanden werden soll? Anscheinsbeweis bedeutet, daß der erste Anschein für das Vorliegen der behaupteten Tatsache spricht, daß aber die Möglichkeit eines anderen Geschehensablaufs nicht zu leugnen ist, eben weil der Anscheinsbeweis sich nicht auf konkrete Beweismittel, sondern auf das einem typischen Geschehensablauf entsprechende grobe Bild des konkreten (unstreitigen oder bewiesenen) Ausgangssachverhalts gründet. So ist der Anscheinsbeweis einer Entkräftung (man pflegt von Erschütterung zu sprechen, weil ja nach h.M. die Beweislast nicht auf den Gegner übergeht) zugänglich und bleibt auch dann, wenn eine solche Entkräftung nicht gelingt, ein weniger stringenter Beweis als der individuelle Vollbeweis. Daher möchte ich den Autoren – es sei vor allem auf die Analysen

---

[20] Vgl. RGZ 163, 21, 27.
[21] RGZ 134, 237, 242.
[22] BGH NJW 1982, 2668 = LM § 8 StVO Nr. 6; ebenso BGH NJW 1951, 360; LM § 286 ZPO (C) Nr. 7 und 12.
[23] Dazu (kritisch) Stein/Jonas/Grunsky, ZPO, 20. Aufl., § 549 Rdn. 12 f. mit Nachweisen.

von Musielak[24] und Gerhard Walter[25] verwiesen – zustimmen, die in der Anerkennung des Anscheinsbeweises eine Herabsetzung der Beweisanforderungen[26] erblicken.

Dies geht Hand in Hand mit einer weiteren Besonderheit, die sowohl beim Anscheinsbeweis für die Kausalität als auch beim Nachweis des Verschuldens[27] zu beobachten ist. Der Anscheinsbeweis erlaubt dem Gericht, sich mit einer allgemeinen Feststellung zu begnügen[28], also einem irgendwie-Verschulden bzw. einer in den Einzelheiten nicht voll aufklärbaren Ursachenkette.

Daß der Anscheinsbeweis auf eine Herabsetzung der Beweisanforderungen hinausläuft, kommt auch in den von der Rechtsprechung verwendeten Formulierungen zuweilen recht deutlich zum Ausdruck, so etwa wenn der BGH vom Anscheinsbeweis lediglich verlangt, er müsse die Bejahung der Beweisfrage „nahelegen"[29], oder wenn er den Anscheinsbeweis ganz unbefangen dem „vollen Beweis" gegenüberstellt[30]. Auch an konkreten Anwendungsfällen des Anscheinsbeweises läßt sich dessen Wirkung gut demonstrieren. Ein einziges Beispiel[31] sei herausgegriffen: Ein wesentlich schneller fahrender Lastwagen holt einen vor ihm auf der Autobahn fahrenden Personenwagen ein und überrollt ihn auf der Hauptfahrbahn, nahe der Mittellinie. Der Fahrer des Personenwagens wird dabei getötet. Aus diesem Sachverhalt entnahm der BGH entgegen dem Berufungsgericht einen Anscheinsbeweis für das Verschulden des Lkw-Fahrers, der durch die behauptete Möglichkeit, der Pkw sei in zu kurzem Abstand vor dem Lkw vom Randstreifen auf die Autobahn eingebogen, nicht erschüttert worden sei. Diese vom Lkw-Fahrer gegebene Schilderung des Unfallherganges konnte zwar nicht ausgeschlossen werden, doch sprachen – abgesehen von den Angaben des Lkw-Fahrers – auch keine besonderen Anhaltspunkte dafür. Bei dieser Sachlage kann man kaum behaupten, das Verschulden des Lkw-Fahrers sei voll bewiesen, aber es

---

[24] Musielak, Grundlagen (N. 6) S. 120 ff. (für den Anscheinsbeweis der Kausalität).

[25] G. Walter (N. 1) S. 205 ff.

[26] So auch Rolf Bender, Festschr. für Baur (N. 11) S. 259; Nell (N. 10) S. 97 ff.

[27] A. M. hinsichtlich des Anscheinsbeweises der Fahrlässigkeit Musielak, Grundlagen (N. 6) S. 89 ff. (keine Besonderheit gegenüber sonstigen Beweisen).

[28] Dies wird z. B. deutlich in RGZ 163, 21, 28; BGH LM § 286 ZPO (C) Nr. 20; VersR 1956, 696, 697; aus der Literatur vgl. Kollhosser Anscheinsbeweis und freie richterliche Beweiswürdigung, AcP 165 (1965) 46, 48, 62; Stein/Jonas/Leipold (N. 1) § 286 Rdn. 91; ähnlich Prütting, Gegenwartsprobleme der Beweislast (1983) S. 107.

[29] BGH NJW 1982, 2668 (N. 22).

[30] BGH LM § 286 (C) Nr. 72 = MDR 1981, 738.

[31] BGH LM § 286 (C) Nr. 53.

liegt nach der typischen Sachlage weit näher, ist so wahrscheinlich, daß über den Anscheinsbeweis der Beweis als erbracht angesehen werden darf. Im Grunde erkennt dies auch der BGH, obwohl zunächst die These wiedergegeben wird, der Anscheinsbeweis führe zur vollen Überzeugung des Gerichts. Die Herabsetzung des Beweismaßes kommt in folgenden Passagen des Urteils recht klar zum Vorschein: „Es liegt im Wesen des Anscheinsbeweises, daß er den Hergang nicht mit derselben Ausschließlichkeit festzulegen vermag wie der strikte Beweis. Neben dem typischen Ablauf, wie er nach der Lebenserfahrung in aller Regel vor sich geht, lassen sich durchweg mehr oder weniger entlegene, andersartige Deutungen denken. Würde auf diese abgestellt, so verkehrte sich die Erleichterung durch den Anscheinsbeweis in die kaum erfüllbare Notwendigkeit, erdachte und nach der Lebenserfahrung nicht regelmäßig in Betracht kommende Möglichkeiten auszuschließen."

2. Begrenzung auf Fälle eines typischen Geschehensablaufs

Gesteht man zu, daß in den Fällen des prima-facie-Beweises geringere Anforderungen an die erreichte Beweisstärke gelten als sonst, so kann man das allgemeine Beweismaß nur dann aufrecht erhalten, wenn man die Anerkennung des Anscheinsbeweises als *Ausnahmeregelung* ansieht, also von einer zu § 286 Abs. 1 ZPO hinzutretenden Norm ausgeht, die durch Richterrecht geschaffen wurde, heute aber bereits gewohnheitsrechtlichen Charakter besitzt. Diese Betrachtungsweise ist aber nur möglich, wenn man den Anscheinsbeweis auf einen durch wenigstens einigermaßen bestimmbare tatbestandsmäßige Voraussetzungen umgrenzten Anwendungsbereich beschränken kann, nicht dagegen, wenn sich hinter dem Anscheinsbeweis nichts anderes verbergen sollte, als die Berechtigung, im Einzelfall aus irgendwelchen konkreten Gründen der Billigkeit eine Beweiserleichterung zu gewähren.

Die Begrenzung auf Fälle des „typischen Geschehensablaufs"[32] ist jedoch ein akzeptables Abgrenzungsmerkmal, an dem festgehalten werden sollte[33]. Dem Einwand, es sei nicht einzusehen, warum die im

---

[32] Man kann den „typischen Geschehensablauf" als Tatbestand umschreiben, bei dem eine ohne weiteres naheliegende Erklärung nach der allgemeinen Lebenserfahrung zu finden ist und bei dem angesichts des typischen Charakters die konkreten Umstände des Einzelfalles für die tatsächliche Beurteilung – jedenfalls zunächst – ohne Belang sind (Stein/Jonas/Leipold [N. 1] § 286 Rdn. 88).

[33] So auch in aller Regel die Rechtsprechung, etwa BGH LM § 286 ZPO (C) Nr. 11, 23, 34, 42 a, 54, NJW 1984, 360, 361. Dagegen ließ BGH LM § 286 ZPO (C) Nr. 69 offen, ob ein Anscheinsbeweis auch ohne typischen Geschehensablauf möglich ist.

typischen Geschehensablauf liegende generelle Wahrscheinlichkeit mehr zählen solle, als die Wahrscheinlichkeit aufgrund der singulären Umstände des konkreten Falles[34], kann man folgendes entgegensetzen: Das Weniger an erreichter Beweisstärke, das der Anscheinsbeweis erbringt, muß ausgeglichen werden durch eine besondere Sicherheit, mit der jedenfalls die lebensmäßige Wahrscheinlichkeit dargetan wird. Der „typische Geschehensablauf" bedeutet eine Begrenzung auf solche sich in den entscheidenden Merkmalen öfter wiederholende Fallgestaltungen, bei denen jeder verständige Beobachter zunächst einmal den Schluß auf die zu beweisenden Tatsachen zieht. Es wird also durch den „typischen Geschehensablauf" ein Mehr an Objektivierung der Beweiswürdigung erreicht. Daß man in manchen Fällen, in denen die Rechtsprechung einen „typischen Geschehensablauf" bejaht hat, darüber geteilter Meinung sein kann, steht auf einem anderen Blatt. Man kann auch sonst sowohl im Prozeßrecht als auch im materiellen Recht in vielen Fällen nicht umhin, sich mit verhältnismäßig unbestimmten Tatbestandsmerkmalen[35] zufrieden zu geben.

3. Beschränkung auf den Beweis von Kausalität und Verschulden

Wenngleich schon die Voraussetzung des „typischen Geschehensablaufs" einen Beitrag dazu leistet, den Anwendungsbereich des Anscheinsbeweises nicht ins Uferlose wachsen zu lassen, so ist doch eine weitere Frage, ob diese Voraussetzung allein den Anscheinsbeweis zu rechtfertigen vermag. Daß die Rechtsprechung keineswegs immer, wenn ein „typischer Geschehensablauf" vorliegt, den Anscheinsbeweis zuläßt, zeigt die viel kritisierte Entscheidung des BGH[36], in der ein prima-facie-Beweis für das Eintreffen eines Einschreibebriefs beim Empfänger abgelehnt wurde, obwohl nach Auskunft der Post auf eine Million solcher Sendungen in einem Jahr nur 266 (= 0,026 %) in einem anderen sogar nur 50 (= 0,005 %) gemeldete Verluste entfielen. Zu Unrecht[37] verneinte der BGH bei dieser Sachlage einen typischen Geschehensablauf dahin, daß

---

[34] In diesem Sinne z. B. Musielak, Grundlagen (N. 6) S. 126, 131; Rolf Bender, Festschr. für Baur (N. 11) S. 260.
[35] Vgl. dazu A. Blomeyer, Gutachten zum Thema „Beweislast und Beweiswürdigung im Zivil- und Verwaltungsprozeß" für den 46. Deutschen Juristentag (1966), Verhandlungen Bd. 1, Teil 2 A, S. 28, 58, der in der Elastizität des unbestimmten Begriffs einen Vorzug sieht, weil dadurch die Rechtsprechung den wechselnden Lebensvorgängen gerecht werden könne. – A. M. Kollhosser, Anscheinsbeweis und freie Beweiswürdigung, AcP 165 (1965) 46, 53, 59, der den „typischen Geschehensablauf" als Abgrenzungskriterium für wertlos hält.
[36] BGHZ 24, 308.
[37] Insoweit zutreffend Rolf Bender, Festschr. für Baur (N. 11) S. 260.

ein abgesandter Einschreibebrief seinen Empfänger auch erreiche. Im Ergebnis ist die Entscheidung gleichwohl zu halten, wenn man nämlich davon ausgeht, für das konkrete Tatbestandsmerkmal des Zugangs sei der Anscheinsbeweis nicht zulässig. In diese Richtung zielt die Feststellung des BGH, eine Anerkennung des Anscheinsbeweises würde dem Sinn der gesetzlichen Regelung (§ 130 BGB) widersprechen, weil dann die Tatbestandsvoraussetzung des Zugangs praktisch durch den Nachweis der Absendung ersetzt wäre[38].

Wie schon verschiedentlich in der Literatur herausgestellt wurde, handelt es sich in den meisten Fällen, in denen im Zivilprozeß der Anscheinsbeweis anerkannt wurde, um den Nachweis der Kausalität oder des Verschuldens. Hier läßt sich die mit dem Anscheinsbeweis verbundene Herabsetzung der Darlegungsgenauigkeit und des Beweismaßes aufgrund der besonderen Eigenart der materiell-rechtlichen Tatbestandsmerkmale rechtfertigen. Tatsachenfeststellung und rechtliche Würdigung sind hier besonders eng miteinander verzahnt. Die Bejahung des Verschuldens oder der Kausalität aufgrund eines typischen Geschehensablaufs ist rechtliche Bewertung unter Verzicht auf genaue Aufklärung des Sachverhalts. Da es aber für die Bewertung nicht entscheidend auf den exakten Ablauf der Ursachenkette oder des Täterverhaltens ankommt, sondern jede Ursächlichkeit und jedes Verschulden grundsätzlich gleichwertig ist (soweit nicht etwa die Haftung auf bestimmte Verschuldensformen beschränkt ist[39]), wird hier die Anerkennung des Anscheinsbeweises als gerecht empfunden. Die genaue Aufklärung ist so häufig schwierig, wenn nicht unmöglich, daß schon *aus den materiellen Tatbestandsmerkmalen*, die ja prozessual handhabbar bleiben müssen, eine Legitimation dafür hergeleitet werden kann, in Gestalt des Anscheinsbeweises die Anforderungen an die Aufklärungsgenauigkeit und an die erreichte Beweisstärke zu reduzieren.

Außerhalb des Nachweises von Kausalität und Verschulden findet man den Anscheinsbeweis bislang so selten, daß man bezweifeln muß, ob es dort überhaupt ein berechtigtes Bedürfnis nach Anwendung dieser Beweiserleichterung gibt. Gerade wenn man den Anscheinsbeweis nicht als schlichte Anwendung des § 286 Abs. 1 ZPO begreift, sondern seine *normative Eigenständigkeit* bejaht, spricht vieles dafür, diese Sonderform des Beweises zunächst einmal nur beim Nachweis von Kausalität und Verschulden zu bejahen. Dadurch wäre rechtsatzmäßig der Anwendungsbereich auf den Beweis dieser Tatbestandsmerkmale begrenzt. Dies

---

[38] BGHZ 24, 308, 313.
[39] Einem Anscheinsbeweis für grobe Fahrlässigkeit steht die Rechtsprechung im allgemeinen ablehnend gegenüber, so etwa BGH VersR 1968, 668; 1969, 77; 1972, 171; WPM 1983, 1009 = VRS 65 (1983) 347.

schließt nicht aus, das Anwendungsgebiet des Anscheinsbeweises auf weitere Tatbestandsmerkmale zu übertragen, wenn sich dort vergleichbare Beweisschwierigkeiten aus der Natur der Tatbestandsvoraussetzungen ergeben und es dem Zweck des materiellen Rechts entspricht, das behauptete Recht nicht an solchen typischen Beweisschwierigkeiten scheitern zu lassen. Darin läge dann jeweils eine neue normative Ausnahme von den Regelanforderungen des § 286 ZPO. In ähnlicher Weise hat Gerhard Walter[40] versucht, die Beweismaßreduzierung für bestimmte Fallgruppen zu begründen, wobei er mit Recht betont, die Beweisnot allein ergebe dafür keine Rechtfertigung[41]. Walter will allerdings den Anscheinsbeweis als solchen und seine Koppelung mit dem „typischen Geschehensablauf" zugunsten von Beweismaßreduzierungen für bestimmte Fallgruppen aufgeben. Dadurch geraten seine Ausführungen in eine gefährliche Nähe zu der Art und Weise, in der man sonst versucht, eine *Generalklausel* durch Bildung von Fallgruppen zu konkretisieren. Mir geht es dagegen gerade darum, einem solchen generalklauselartigen Charakter der Beweiserleichterung zu widersprechen und die normative Fixierung des Anwendungsbereichs zu befürworten.

IV. Die abstrakt-normative Regelung der Beweislast

1. Die Kritik an Rosenbergs Normentheorie

Für die Beurteilung der Beweislast im Zivilprozeß schien es lange Zeit einen gesicherten dogmatischen Grundsatz zu geben. Durchweg folgte man nämlich der Formel, wie sie vor allem Leo Rosenberg in seiner berühmten, in fünf Auflagen erschienenen Monographie über die Beweislast[42] dargestellt hatte. Danach hat derjenige, der ein Recht geltend macht, die Voraussetzungen der rechtsbegründenden Norm zu beweisen, während dem Gegner, der das Recht leugnet, die Beweislast für die Voraussetzungen der rechtshindernden und rechtsvernichtenden Normen obliegt. Rosenberg war der Ansicht, die Verteilung der Beweislast folge zwingend aus den materiell-rechtlichen Normen, da eben ein bestimmter Rechtssatz immer nur dann angewendet werden könne, wenn seine tatbestandsmäßigen Voraussetzungen festgestellt seien[43]. Viel Mühe verwendete Rosenberg (in Auseinandersetzung mit Franz Leonhard) auf den Nachweis, die rechtshindernden Tatsachen unterschieden sich schon in ihrer materiell-

---

[40] G. Walter (N. 1) S. 215 ff., 232 f.
[41] G. Walter (N. 1) S. 219/220.
[42] Leo Rosenberg, Die Beweislast, 5. Aufl. (1965) insbesondere S. 98 ff., 108.
[43] Rosenberg, Beweislast (N. 42) S. 12, 98.

rechtlichen Wirkung vom Nichtvorliegen einer rechtsbegründenden Voraussetzung".

Die theoretische Fundierung der Rosenberg'schen Lehre[45] hält jedoch einer kritischen Untersuchung nicht stand. Wenn die Rechtsätze des materiellen Rechts an das Vorliegen oder Nichtvorliegen von Tatsachen anknüpfen, so läßt sich daraus gerade nicht unmittelbar herleiten, wie im Fall des non liquet zu entscheiden ist. Die These von der „Nichtanwendbarkeit der jeweiligen Norm" erweist sich bei näherer Betrachtung als Scheinbegründung. Darüber hinaus stellt zwar die Unterscheidung zwischen rechtsbegründenden und rechtsvernichtenden Tatsachen eine Unterscheidung in der materiell-rechtlichen Wirkung dar; denn wenn eine rechtsbegründende Tatsache fehlt, kommt das Recht gar nicht erst zur Entstehung, während eine rechtsvernichtende Tatsache nichts daran ändert, daß das Recht in einem gewissen Zeitraum bestanden hatte. Ob dagegen das Vorliegen einer bestimmten Tatsache (etwa der Voraussetzungen der Geschäftsfähigkeit) rechtsbegründend oder das Nichtvorliegen der Tatsache rechtshindernd ist, läuft materiell-rechtlich auf ein und dasselbe hinaus.

An dieser schon 1965 geäußerten Kritik[46] der Normentheorie möchte ich nach wie vor festhalten. Zwar hat Karl Heinz Schwab[47] gemeint, die Normentheorie sei möglicherweise dadurch zu retten, daß man eine „Operationsregel" bejaht, wonach der Richter einen Rechtssatz nur anwenden darf, wenn seine Voraussetzungen festgestellt sind, während im Fall des non liquet die Rechtsfolge zu verneinen wäre. Ähnlich hatte zuvor bereits Musielak[48] die Ansicht geäußert, es gebe eine „Grundregel" des Inhalts, der Richter habe im Falle des non liquet so zu entscheiden, als ob Tatsachen ermittelt wären, aus denen sich ergibt, daß die tatsächlichen Voraussetzungen des jeweiligen Tatbestandsmerkmals nicht erfüllt seien. Musielak sieht darin das „Grundprinzip der gesamten Beweislastregelung" und bezeichnet es als Folge dieser Grundregel, daß ein Rechtssatz

---

[44] Rosenberg, Beweislast (N. 42) S. 132 ff.

[45] Rosenbergs Ansicht ist im übrigen, was auch Schwab (N. 47) S. 506 einräumt, in sich zwiespältig (vgl. Leipold, Beweislastregeln [N. 46] S. 32). Einerseits betont Rosenberg nämlich, die Beweislast folge aus der Nichtanwendbarkeit der materiellen Norm (S. 12), andererseits spricht er aber ständig von Beweislastnormen (z. B. S. 77) und erklärt auch (S. 130), die Fassung des Gesetzes sei nur ein Hilfsmittel bei der Auslegung, um den Charakter einer Norm als Regel- oder Ausnahmenorm zu ermitteln.

[46] Leipold, Beweislastregeln und gesetzliche Vermutungen (1966) S. 32 ff.

[47] Karl Heinz Schwab, Zur Abkehr moderner Beweislastlehren von der Normentheorie, Festschr. für Hans-Jürgen Bruns (1978) S. 505, 506, 519.

[48] Musielak, Grundlagen (N. 6) S. 293.

nicht als erfüllt gelte, wenn seine tatbestandlichen Voraussetzungen nicht
festgestellt werden könnten[49]. Aber entgegen Schwab und Musielak kann
ich eine solche „Operationsregel" oder „Grundregel" weder in § 286 ZPO
noch anderswo finden. Sie würde nur künstlich wieder verdecken, was
mit der Kritik an der Normentheorie Rosenbergs aufgezeigt werden
sollte, daß nämlich die Beweislastregeln nicht im Wege eines formal-
logischen Schlusses aus der jeweiligen Normformulierung folgen, sondern
– wie alle andern Rechtsregeln auch – auf bestimmten sachlichen Prinzipien und damit letztlich auf wertenden Entscheidungen des Gesetzgebers
beruhen.

2. Die Aufrechterhaltung der normativen Basis der Beweislast

Wenn man der von Rosenberg behaupteten zwangsläufigen Verknüp-
fung zwischen materiellem Normaufbau und Beweislast nicht folgt, so
heißt dies freilich keineswegs, daß auf eine abstrakt-generelle Festlegung
der Beweislast zu verzichten wäre. Dem BGB liegt als stillschweigendes
Gesetzesrecht[50] die Beweislastregel zugrunde, wonach im Regelfall der ein
Recht Behauptende die rechtsbegründenden, der das Recht Leugnende
die rechtsvernichtenden Tatsachen zu beweisen hat[51]. Außerdem hat der
Gesetzgeber – und zwar ganz bewußt – durch die Formulierung der
Vorschriften vielfach die Beweislast mitgeregelt, indem etwa bestimmte
Tatsachen mit Wendungen wie „es sei denn, daß ..." oder „wenn nicht
..." als Ausnahme vom Regeltatbestand formuliert wurden. In solchen
Fällen kommen durch die Fassung des Gesetzes besondere Beweislastregeln zum Ausdruck[52], soweit ein entsprechender Wille des Gesetzgebers
anzunehmen ist. Erkennt man diesen Zusammenhang und beachtet man
den normativen Charakter der Beweislastregeln, so wird es auch verständ-
lich, warum in manchen Fällen trotz der Formulierung einer „Gegen-
norm" dem Rechtsprätendenten die Beweislast für die Erfüllung der
Entstehungsvoraussetzungen bleibt. § 125 S. 1 BGB etwa bestimmt, das
Fehlen der gesetzlich vorgeschriebenen Form führe zur Nichtigkeit des

---

[49] Musielak, Grundlagen (N. 6) S. 293. Auch die Bedeutung der rechtshindernden Normen will Musielak (S. 299) durch diese Grundregel erklären. Sonderregeln
der Beweislast sind für ihn nur die (genauer: fast alle) ausdrücklichen Beweislastnormen im BGB, die gesetzlichen Vermutungen und die richterrechtlichen Beweislastnormen (a. a. O. S. 303).

[50] Dazu näher Leipold (N. 46) S. 45 ff.

[51] Vgl. Leipold (N. 46) S. 43. Prütting (N. 28) S. 156, 172 hat mich insoweit
mißverstanden. Was in meiner Arbeit zur „Struktur" der Beweislastnormen gesagt
wird (S. 58 ff.), betrifft deren allgemeines Schema, nicht dagegen den konkreten
Inhalt (entgegen Prütting a. a. O. S. 172 N. 31).

[52] Näher Leipold (N. 46) S. 51 ff.

Rechtsgeschäfts. Trotz dieser Gesetzesformulierung ist mit Recht anerkannt, daß die Einhaltung der Form von demjenigen zu beweisen ist, der das Recht geltend macht[53]. Auch Rosenberg[54] war übrigens dieser Ansicht, obwohl sie eigentlich mit dem Grundansatz seiner Normentheorie nicht vereinbar ist. Wer dagegen die Beweislastregeln als eigenständige Rechtssätze begreift, kann ohne methodische Schwierigkeiten den Standpunkt vertreten, im Fall des § 125 S. 1 BGB lasse eben die Fassung der Norm nicht auf die Absicht des Gesetzgebers schließen, die Beweislast für die Nichteinhaltung der Form demjenigen aufzuerlegen, der die Unwirksamkeit des Rechtsgeschäfts behauptet.

Die Erkenntnis, daß die Beweislastregelung nicht zwingend mit dem Aufbau des materiellen Tatbestands verknüpft ist, gestattet es auch, im Wege der Rechtsfortbildung für Teilbereiche ein und desselben Tatbestands besondere Beweislastregeln herauszubilden, so wie dies etwa in der Rechtsprechung für den Bereich der Produzentenhaftung geschehen ist[55], obgleich auch dafür nach wie vor der materielle Haftungstatbestand des § 831 i. V. m. § 823 Abs. 1 BGB gilt.

Die Kritik an der Theorie Rosenbergs bringt eine größere Freiheit im Umgang mit dem Normaufbau mit sich, aber ihr Sinn lag keineswegs darin, die Geltung der Beweislastregeln aufzuweichen, auch soweit sie nicht ausdrücklich formuliert, sondern durch die Gesetzesfassung zum Ausdruck gebracht sind. Entgegen der etwa von Reinecke[56] vertretenen Ansicht darf von den Grundregeln der Beweislast nicht einfach deswegen abgewichen werden, weil „vernünftige sachliche Gründe" für eine andere Beweislastverteilung sprechen. Andere Autoren, z. B. Wahrendorf[57], sind noch weiter gegangen und wollen die Beweislast, wenn ich recht sehe, überhaupt ohne Bindung an die herkömmlichen Beweislastregeln aufgrund einer Abwägung verschiedener in Frage kommender Beweislastprinzipien (wie etwa Wahrscheinlichkeitsprinzip, Schutzprinzip, Vertrauensprinzip, Prinzip der sozialen Risikoverteilung usw.) beurteilen. Auch die bereits erwähnte Ansicht, es sei nach überwiegender Wahr-

---

[53] Baumgärtel/Laumen, Handbuch der Beweislast im Privatrecht, Band 1 (1981) § 125 Rdn. 1; Stein/Jonas/Leipold (N. 1) § 286 Rdn. 65.
[54] Rosenberg, Beweislast (N. 42) S. 253.
[55] Grundlegend BGHZ 51, 91; ferner etwa BGHZ 59, 303; 67, 359, 362. Eingehende Darstellung bei Baumgärtel/Wittmann (N. 53) § 823 I Rdn. 55 ff.
[56] Gerhard Reinecke, Die Beweislastverteilung im Bürgerlichen Recht und im Arbeitsrecht als rechtspolitische Regelungsaufgabe (1976), insbesondere S. 87 ff., 191 oben (Zusammenfassung). Dazu Leipold AcP 179 (1979) 502. – Gegen Reinecke Schwab (N. 47) S. 509 f.
[57] Wahrendorf, Die Prinzipien der Beweislast im Haftungsrecht (1976), insbesondere S. 13 ff., 131 f. – Dagegen Schwab (N. 47) S. 510 f.

scheinlichkeit zu entscheiden, gibt weitgehend (abgesehen vom Fall gleicher Wahrscheinlichkeit) die normative Fixierung der Beweislast auf. Allerdings kann (und insoweit liegen die Dinge ganz ebenso wie im Verhältnis Anscheinsbeweis – allgemeines Beweismaß) die abstrakt-normative Regelung der Beweislast nur dann ihren dogmatischen Stellenwert behalten, wenn die Rechtsprechung sich davor hütet, kurzerhand aufgrund einzelfallbezogener Billigkeitserwägungen davon abzuweichen. Ein kritischer Blick auf den Bereich, in dem die Rechtsprechung eine Beweislastumkehr anerkennt, ist daher unumgänglich.

V. Die Beweislastumkehr kraft Richterrechts

1. Grundsätzliche Berechtigung

Ähnlich wie dem allgemeinen Beweismaß der Anscheinsbeweis als richterrechtliches Sonderinstitut gegenübertritt, wird die abstrakt-generelle Zuweisung der Beweislast für die einzelnen Tatbestandsmerkmale von der Rechtsprechung in erheblichem Umfang durchbrochen, indem im Hinblick auf Besonderheiten des konkreten Falles eine Beweislastumkehr angenommen wird. Rosenberg[58] hatte, nicht zuletzt als Ergebnis seines eigenen wissenschaftlichen Bemühens, das Ziel für erreicht gehalten, „den Streit über die Verteilung der Beweislast aus der subjektivistischen Betrachtungsweise des einzelnen Prozesses in das objektive Gebiet des materiellen Rechts, aus der kampferfüllten Arena des Rechtsstreites in den reinen Äther der Rechtsordnung" zu übertragen. Die Rechtsprechung hat sich jedoch davor gehütet, die Beweislast allein aus ätherischen Höhen, in klarer, aber dünner Luft zu betrachten, sondern sich bemüht, bei der Beurteilung der Beweislast auch die jeweiligen sozialen Rollen der Beteiligten, die Interessengegensätze, Konflikte und Schutzbedürftigkeiten zu berücksichtigen.

Besonders deutlich wird dies im Bereich der Arzthaftung, wo neben dem Anscheinsbeweis auch die Beweislastumkehr bei grobem Behandlungsfehler oder bei unzureichender ärztlicher Dokumentation dem Geschädigten (bzw. dessen Erben) die Durchsetzung von Ersatzansprüchen erleichtern kann. Auch außerhalb des Gebiets der Arzthaftung können bestimmte Pflichtverletzungen (vor allem unter dem Gesichtspunkt einer Beweisvereitelung) zu einer Umkehr der Beweislast Anlaß geben[59].

Es besteht kein Grund, die Rechtsprechung generell zu tadeln, weil sie sich von den abstrakt-generellen Verteilungsregeln zu einem Teil gelöst

---

[58] Rosenberg, Beweislast (N. 42) S. 117.
[59] Vgl. Stein/Jonas/Leipold (N. 1) § 286 Rdn. 120 ff., 131.

22

hat. Es wäre geradezu unnatürlich, wenn das Streben nach konkreter Gerechtigkeit, das im materiellen Recht zu einer Fülle von Tatbestandsverfeinerungen, aber auch von echten Neuschöpfungen durch die Rechtsprechung geführt hat, vor dem Gebiet des Beweisrechts haltmachen würde. Jedoch sollte sich die Rechtsprechung dessen bewußt sein, daß es sich bei der Erfindung beweisrechtlicher Institute, oder – wie es die Rechtsprechung ausdrückt – bei der Zubilligung von Beweiserleichterungen[60], um richterliche Rechtsfortbildung handelt. Sie ist, da der Gesetzgeber die Beweislast nur in abstrakt-genereller Form geregelt hat, dann legitim, wenn unter besonderen Voraussetzungen die dringende Notwendigkeit einer Modifizierung der allgemeinen Beweislastregel hervortritt. Voraussetzung ist aber auch, daß der innere Grund einer solchen speziellen Beweislastregel klar herausgearbeitet und in plausible Anwendungsvoraussetzungen umgemünzt wird. Nur dann verbleibt die Beweislastverteilung in einem – wenngleich gegenüber der allgemeinen Regel konkreteren – normativen Rahmen. Auf eine solche normative Fixierung kann im Interesse der Voraussehbarkeit der Rechtsanwendung und der Rechtsgleichheit nicht verzichtet werden. Eine Beweislastumkehr allein aufgrund der konkreten Umstände des Falles, etwa unter Berufung auf Treu und Glauben, Unzumutbarkeit, Rechtsmißbrauch oder dergleichen, kann es höchstens in ganz besonderen Ausnahmesituationen geben. Die Rechtsprechung ist auf dem richtigen Weg, indem sie die Beweislastumkehr für bestimmte typische Fallsituationen anerkennt und damit jedenfalls im Grundsatz eine normative Festlegung erstrebt. Jedoch fällt dem kritischen Beobachter auch hier manches auf, das auf die Gefahr des Abgleitens in eine konturenlose Billigkeitsrechtsprechung hindeutet. Dies sei an einigen Aspekten der Beweislastumkehr im Bereich der Arzthaftung erläutert.

2. Normative Bindung oder Billigkeit im Einzelfall im Bereich der Arzthaftung

Ein Beispiel aus der Rechtsprechung des BGH[61] sei herausgegriffen: Eine an heftigen, kolikartigen Leibschmerzen leidende Patientin wurde einer Appendektomie („Blinddarmoperation") unterzogen und verstarb wenige Tage später. Trotz eines nach der Operation erhobenen hochpathologischen Urinbefundes waren keine therapeutischen Konsequenzen gezogen worden. Der BGH gab dem Tatrichter die Prüfung auf, ob darin

---

[60] Vgl. z.B. BGH NJW 1984, 432, 433, wo den „Beweisgrundsätzen" die „Beweiserleichterungen" (nämlich Anscheinsbeweis und Beweislastumkehr) gegenübergestellt werden.
[61] BGHZ 72, 132 = LM § 282 ZPO (Beweislast) Nr. 29 (Leitsatz mit Anm. Dunz).

ein grober Behandlungsfehler liege, der nach der ständigen Rechtsprechung zu beweiserleichternden Konsequenzen führen könne. Dabei gibt
der BGH[62] die Rechtsfolge dahin wieder, der Behandlungsfehler könne
„die Beweislast dafür, daß er für den Tod der Patientin ursächlich
geworden ist, bis zur Umkehr verschieben". Durch Sachverständigenbe-
weis müsse geklärt werden, ob die Nichtbehandlung der Entzündung im
urologischen Bereich als Todesursache ernstlich in Betracht komme, und
es sei dann schließlich aufgrund der konkreten Feststellungen zu entscheiden, ob die Billigkeit eine Umkehr der Beweislast erfordere.

Was es aber eigentlich heißt, die Beweiserleichterung könne „bis zur
Umkehr der Beweislast" gehen, wird weder in dieser noch in anderen
Entscheidungen deutlich gemacht. Daß der Behandlungsfehler und seine
möglichen Folgen im Bereich der *Beweiswürdigung* zu berücksichtigen
sind, ist nichts besonderes, und verdiente daher auch nicht den Namen
einer Beweiserleichterung. Man muß also den BGH wohl so verstehen,
daß wegen des groben Behandlungsfehlers der Beweis der Kausalität eher
als erbracht angesehen werden könne als sonst. Dies würde dann auf einen
Anscheinbeweis hinauslaufen. Ganz unklar bleibt aber, wie dann diese
Beweiswürdigungsfrage umspringen soll in eine Umkehr der Beweislast,
die ja dem Anspruchsgegner den vollen Beweis für die Nichtkausalität
aufbürdet. Diese bedauerliche Unklarheit der Rechtsfolge hängt wohl
damit zusammen, daß der *innere Grund* der Beweiserleichterung nicht
präzise genug herausgearbeitet wird. An sich rückt die Rechtsprechung
durch das Abstellen auf einen *groben* Behandlungsfehler deutlich den
Sanktionsgedanken in den Vordergrund. Aus dem Verstoß gegen funda-
mentale Pflichten im Rahmen des Arzt-Patienten-Verhältnisses folgt, daß
die Beweisschwierigkeit insoweit den Arzt trifft, als – wie der BGH[63]
andernorts zutreffend formuliert hat – der grobe Behandlungsfehler generell geeignet war, den schädlichen Erfolg herbeizuführen. Diese Sanktion
in Form der Beweislastumkehr dann aber noch mit der Beweiswürdigung
zu vermengen und sie von zusätzlichen Billigkeitserwägungen abhängig
zu machen, besteht kein hinreichender Grund. Der grobe Behandlungsfehler sollte daher auch von den Fällen der Beweisvereitelung klar
getrennt werden; denn ob durch den Behandlungsfehler die Beweislage
erschwert ist (in der Regel wäre sie auch ohne den Behandlungsfehler,
zumindest aber bei einem leichten Behandlungsfehler schwierig), ist

---

[62] BGHZ 72, 132, 136 (N. 61).
[63] So z. B. BGH LM § 282 ZPO (Beweislast) Nr. 32 (unter II 2 a) = NJW 1981,
2513.

gerade nicht das Entscheidende". Andernfalls wäre auch die Beschränkung der Beweislastumkehr auf *grobe* Behandlungsfehler nicht plausibel[65].

In der bereits erwähnten BGH-Entscheidung kam noch ein zweiter Grund für eine Beweiserleichterung in Betracht, nämlich eine *offensichtlich unzulängliche ärztliche Dokumentation*. Die ursprünglichen Aufzeichnungen waren auf Veranlassung der behandelnden Ärztin vernichtet und nachträglich „ins Reine geschrieben worden", aber selbst diese neuen Aufzeichnungen waren so unzulänglich, daß – so die Feststellung des BGH – praktisch alle für eine Beurteilung notwendigen Befunde fehlten[66]. Der BGH hob die Entscheidung des Berufungsgerichts auch deshalb auf, weil die Vorinstanz aus diesen Umständen keine beweisrechtlichen Folgerungen gezogen hatte. Nicht nur bei einer *gezielten* Beweisvereitelung hält der BGH solche Konsequenzen für möglich, sondern eben auch in einem Fall der vorliegenden Art. Zugleich wurde vom Senat betont, diese Konsequenzen fielen *nicht* unter die Grundsätze, die für den Nachweis der Schadensursächlichkeit eines groben Behandlungsfehlers entwickelt worden seien, sondern müßten *eigenen Prinzipien* folgen. Leider unterläßt es der BGH sodann, wirklich solche Grundsätze als normative Anweisung herauszuarbeiten. Statt dessen wird die unklare Umschreibung der Rechtsfolge und die unglückliche Koppelung mit der Billigkeit im Einzelfall auch auf den Bereich der fehlerhaften ärztlichen Dokumentation übertragen, indem es dazu heißt[67]:

„Allerdings darf auch hier nicht nach einer starren Regel Beweislastumkehr angenommen werden, vielmehr sind Beweiserleichterungen, die bis zur Umkehr gehen können, immer dann und so weit geboten, als nach tatrichterlichem Ermessen dem Patienten die (volle) Beweislast für einen Arztfehler angesichts der vom Arzt verschuldeten Aufklärungshindernisse billigerweise nicht mehr zugemutet werden kann."

---

[64] Anders aber BGH NJW 1983, 333, 334, wo die Beweislastumkehr wegen grober Behandlungsfehler vor allem damit gerechtfertigt wird, daß durch den Behandlungsfehler ein „Aufklärungserschwernis" in den Geschehensablauf hineingetragen worden sei. Zu dieser Begründung mit Recht kritisch Matthies NJW 1983, 335 (Urteilsanmerkung).

[65] Nicht zuletzt um die Beschränkung der Beweislastumkehr auf grobe Behandlungsfehler rechtfertigen zu können, lehnt auch der BGH einen allgemeinen Grundsatz ab, wonach das „Risiko des nicht voll aufklärbaren Sachverhalts" stets dem zur Last falle, der es durch pflichtwidriges Verhalten geschaffen habe (BGHZ 61, 118, 121; BGH NJW 1984, 432, 433).

[66] BGHZ 72, 132, 140 (N. 61).

[67] BGHZ 72, 132, 139 (N. 61).

Dunz[68] erläutert diese Worte des Senats dahingehend, es werde hier „erneut betont, daß die billige Anpassung der Beweislast nicht nach der Formel „Alles oder nichts" erfolgen muß, vielmehr hier stufenlose Übergänge möglich sind, deren Bemessung im wesentlichen in den Wertungsbereich des Tatrichters gehört."

Ein tatrichterliches Ermessen gibt es, jedenfalls in Form eines Bereichs der subjektiven Entscheidung, bei der Beweiswürdigung. Dieses „Ermessen" auf die Beweislast zu übertragen, bedeutet nichts anderes, als hier auf eine normative Festlegung zu verzichten. Dafür sehe ich keinen Anlaß. Hätte der BGH z. B. den Satz aufgestellt, bei einer groben Vernachlässigung der ärztlichen Dokumentationspflicht und einer dadurch hervorgerufenen Unklarheit der Beweissituation kehre sich die Beweislast für die Ursächlichkeit eines Behandlungsfehlers (vielleicht auch schon für das Vorliegen eines Behandlungsfehlers) zu Lasten des Arztes um, so wäre dadurch auch für künftige Fälle eine klare normative Vorgabe geschaffen. Genügend Spielraum bei der Anwendung im konkreten Fall wäre durch das vergleichsweise unbestimmte Kriterium einer „groben" oder „schweren" Verletzung der Dokumentationspflicht ohnehin gegeben, ebenso wie in den Fällen des groben Behandlungsfehlers.

Die Beweislast zwar nicht allein, aber doch in erheblichem Umfang von der Billigkeit oder der Unzumutbarkeit im Einzelfall und noch dazu vom tatrichterlichen Ermessen abhängig zu machen, ist ein gefährlicher Weg[69]; denn wenn dies die letztlich entscheidenden Gründe für die Beweiserleichterung sein sollen, ist nicht einzusehen, warum nicht auch in einer Vielzahl von anderen Fällen (außerhalb der Arzthaftung) dasselbe gelten sollte.

VI. Schlußbemerkung

Man mag meinem Plädoyer für eine Aufrechterhaltung der dogmatischen Grundlagen, für ein normatives Verständnis sowohl der *Regeln* als auch der anzuerkennenden *Ausnahmen* entgegenhalten, dies beruhe auf dem „Vorverständnis", rechtssatzmäßige Bindung sei besser als die Entscheidung nach Billigkeit im Einzelfall. In der Tat ist dies meine Überzeugung. Das Streben nach möglichst exakter Formulierung von Rechtssät-

---

[68] Anm. zu BGH LM § 282 ZPO (Beweislast) Nr. 29. Diese Formulierung kritisieren auch Musielak/Stadler, Grundfragen des Beweisrechts (1984) Rdn. 264 (S. 151 N. 95).

[69] Krit. auch Stürner, Entwicklungstendenzen des zivilprozessualen Beweisrechts und Arzthaftungsprozeß, NJW 1979, 1225, 1230; Musielak/Stadler (N. 68) Rdn. 264. Auf die Gefahr der Rechtsunsicherheit weist Giesen JZ 1982, 448, 450 hin.

zen macht einen wichtigen Teil unserer Rechtskultur aus; es bewahrt vor
der Gefahr richterlicher Willkür, dient der Gleichheit der Rechtsanwendung wie der Voraussehbarkeit des Ergebnisses und vermag auch der
ohnehin überbordenden Prozeßfreudigkeit unserer Bürger entgegenzu-
wirken. Diesen allgemeinen Gedanken auf dem Gebiet des Beweisrechts
zu veranschaulichen, war das Ziel meines Vortrags.